어머니의 흑백사진

김동호 시인은 1975년 ≪현대시학≫으로 등단했으며, 시집으로 『시산일기』, 『노자의 산』, 『나의 뮤즈에게』 등이 있다. 성균관대학교 영문학과 교수로 재직하다가 명예퇴직하였으며, 성균문학상, 군포문학상을 수상했다.

e메일 : kimdongho66@hanmail.net

리토피아포에지 · 152
어머니의 흑백사진

인쇄 2023. 10. 20 발행 2023. 10. 25
지은이 김동호 펴낸이 정기옥
펴낸곳 리토피아
출판등록 2006. 6. 15. 제2006-12호
주소 21315 인천시 부평구 평천로255번길 13, 903호
전화 032-883-5356 전송032-891-5356
홈페이지 www.litopia21.com 전자우편 litopia@hanmail.net

ISBN-978-89-6412-189-4 03810
값 14,000원

김동호 제17시집

어머니의 흑백사진

문학과유토피아
LITERATURE & UTOPIA

시인의 말

"어떻게 사는 것이
잘 사는 것일까"
평생 나를 따라다니는
이 물음이 오늘 아침
산책길에서도 나를 잡고
놓지 않는다.

도심都心
호화 건축물 숲을
뒤덮고 있는 안개 속에서
한 소리가 들려온다.

"시詩가 클까
부동산不動產이 클까"

2023년 8월
김 동 호

차례

제2부 5월의 해남

제3부 모국어母國語, 모유母乳

제4부 중력重力과 동력動力

제5부 구부능선에서

| 제1부 |

21세기 맨머리 동자승들

자연의 친자親子들

어깨동무 잘하는 아이들
자연의 친자親子들이다
절대로 이웃을 해치지 않는
상어 악어 쏨벵이들처럼

한낮의 태양을
닮고 싶어 하는 사내들
자연의 친자들이다
오월 콩밭의 꼬리 긴 긴
장끼들처럼

한밤의 달을
닮고 싶어 하는 여인들
자연의 친자들이다
달덩이 출산을
기원하고 기원하는
예쁜 예쁜 짐승들처럼

사바나의 야생들

바위개미들이
작은 몸으로 거목巨木을
잘게 잘게 쪼개
집으로 다 가져간다
대가족의 대식大食을 위해

*

개미핥기가
그 큰 개미집을 점령하고도
개미 몇 마리만 잡아먹는다

*

거구의 코끼리들이
물과 진흙으로 무장을 하고
열대의 고열高熱과 싸우지만
몸, 단장하고

가슴 두근거리며
짝짓기할 땐 지상 최고의
미남미녀美男美女가 된다

*

바다에서 40년 놀다가
출산할 때 되면
고향의 모래밭을 찾는
거북이들, 마른 모래더미를
파고파고 또 판다. 바닷물
스며들어오는 데까지

그들의 작은 알을
크게 깨준 바다와 육지의
산실產室을 그들도 만들기 위해

*

〉

만년萬年의 터전을 닦는
사바나의 생명들
수놈은 강强해서 아름답고
암놈은 묘妙해서 강하다

코로나19시대의 미인

입 코 가린 눈이
더 아름답다
인종차별 없는
하늘의 미인 같다

마스크 위의
반짝이는 두 눈이
영장靈長의 쌍꺼풀눈만 같다

입으로 말을 하지 않고
마음의 창
눈으로 말을 하기 때문일까

독수리를 바라보는 네 눈

아들은 독수리의
휘어진 부리가 무섭다 한다
하늘 낚시 같아서

딸은 독수리의
활개 치는 날개가
무섭다 한다. 천궁天弓 같아서

아버지는 천하무적 야생 늑대의
뒤통수를 번개처럼 내리찍는
그의 비행飛行 발톱이 무섭다 하고
엄마는 한여름 멧돼지의 시체를
무한정 파먹어도 배탈이 나지 않는
그의 위장이 무섭다 한다

이 소리가 퍼지면서
큰—바위—얼굴들이
많이 뒤로 물러선 것도 같다

영장靈長의 출구

"눈 코 입 귀로
토해내지 못하는 울분을
뇌로 토해내려 하지 마세요

뇌, 입구는 크지만
출구는 바늘구멍이에요
거기에 압력이 가해지면
영장靈長의 출구出口가 폭발을 해요

사유 사색 추리 상상력이
공중분해를 해요"

노 선생의 말씀

알밤의 소리

"오뉴월 연초록
간지러운 밤송이 가시와
시월의 진갈색 무서운
밤송이 가시 다르지만 같다

하루가 일생인 하루살이와
150년이 일생인 거북이의
생애가 같은 것처럼"

알밤의 소리!

독설毒舌의 향

"놓친 고기가 크다
다시는 이런 고기
만나지 못할 것이다"

고개 떨군 사내에게
기녀妓女가 한마디 한다
"선생의 잔엔
처음부터 패배균菌이
들어 있었나 봐요"

독설! 묘한 독설毒舌이다
독毒이 귓속에 들어가선
뱅뱅 귓바퀴를 돌며
사내를 녹이는
향香이 되고 있다

우소대전又笑大典

팔부능선 오르며
소화제가 달라졌습니다
웃는 것이 소화제입니다

최상의 소화제는
사바나 야생들의
향그럽게 구린 식단食單을
상상하며 배꼽 빠지게
웃는 것입니다

'웃어라 웃어라. 우又 우又
실없는 웃음이
실實 있는 웃음이다
又又 又又 우우 우우'
이런 우소대전又笑大典도 읊으며

"인간, 약간 싱거워야 한다"
우禹 형의 이 소리도

내 웃음-주머니에서 꺼내
가끔 들으며

백련강환원철百鍊强 還元鐵

대장간이 시실詩室이다

무쇠들 녹여
잡것을 거둬낸다

굳으면 다시 녹여
쇠망치로 치고 쳐서
쇠 아닌 것을 또 거둬낸다

다시 굳어져 고체가 된 것을
녹이고 녹이고 때리고 때려
쇠 아닌 것을 완전히 거둬낸다

백련강百鍊强
환원철還元鐵이
바람을 자르는
보검寶劍이 된다

연화원蓮花院

"만 송이 개화開花가
한 송이 만개滿開이네"

운수승雲水僧의
독경소리
꿀벌의 날갯소리와
함께 은은한데

넓디넓은 화원에선
햇님이
하객들을 맞고 있네

모천母川

왼편엔 강물, 바른편엔 초원
강 건너엔 등고선의 산맥이
구름 위까지 뻗어있다

연어들을 따라 모천 오르며
고기들이 사는 마을을 둘러 본다
숭어 농어들이 신나게 물살을 가르는
마을이 있고 황어 민어가 유유히
꼬리를 휘두르는 넓은 마을이 있고
미꾸리 장어들이 재롱을 부리는
아늑한 마을이 있고 모래무지들이
모래 속을 헤엄치는 마을이 있다

초원도 가본다. 새끼 양들이
노는 보드라운 풀밭이 있고
사춘기 염소들이 뿔을 과시하는
푸른 풀밭이 있고 성년의 산양들이
양기를 겨루는 거친 풀밭도 있다

그 위로 늙은 소들이 한가로이
이삭을 줍는 누런 풀밭도 있다

풀밭 너머엔 연륜을 알 수 없는
큰 뽕밭이 있고 그 옆에는 누에들이
한가로이 낮잠을 자는 흙담집이 있다
그 흙담집을 어머니가 정성으로 돌보고
계시다. 태초의 향가鄕歌를 불으시며

우주송頌

누리의
물物이
흐르며 흐르며
송頌을 일궈
온 누리를
온갖 송頌으로
덮고 있네

'송頌 송誦
송松 송倯 송淞
송宋 송悚 song—'

어머니의 흑백사진

어머니의 흑백사진 속에
아들 손자며느리
우리 대가족의
칼라사진이 들어 있네

증손들의 colorful한
출세 사진도 들어 있고

아직 태어나지 않은
고손들의 찬연한
꿈 사진도 들어 있네

21세기 맨머리 동자승들

고찰高札 고승高僧의 고담高談보다도
21세기 동자승들의
맨머리 소리를 듣고 싶다

*

"나비는 수평의 날개가
동력의 원천이 돼요
전진할 때도 비상飛翔할 때도
수평의 날개가 엔진을 돌려요"

맨머리 동자승 A의 소리

*

"육식肉食동물들은
육肉을 날로 먹지 않아요
사랑과 감사로 숙성시켜

뼛속의 고열로 맛있게 익혀
그들의 생명 가운데로 옮겨 담아요
사랑하지 않으면 잡아먹지 마라
호랑이의 소리가 들리네요
'고마움 모르고 먹으면
이빨 다 나간다'
독수리의 소리도 들리네요"

맨머리 동자승 B의 소리

*

"사람의 두 팔, 옛날엔
짐승의 앞다리였지만
지금은 아니다. 고기의
지느러미이고 새의 날개이다"

맨머리 동자승 C의 소리

*

“직접경험보다
간접경험에서
더 많은 것을 배워요
허구虛構에서
더 많은 것을 보고
허공虛空에서
더 많은 원소를 마시듯”

맨머리 동자승 D의 소리

*

“구린 듯 구수하고
시린 듯 시원한
인생의 맛, 9도 백미白米의

양반 밥상엔 없지요"

맨머리 동자승 E의 소리

*

"악취 중의 악취,
시체 썩는 냄새를 향香으로
바꾸는 이들이 있어요

시체屍體 완전히 썩어
새싹과 함께 새 향 나오기를
기다리는 이들이 있어요"

맨머리 동자승 F의 소리

*

"사대성四大聖 다 같아요
강심江心을 간 물결들이에요"

양안兩岸을 다 경험한
G 선생의 말씀이 때때로
피안彼岸으로부터 날아와
맨머리 동자승 G의 고막을
깨운다고 한다

*

"이 세상
불가지不可知 때문에
살맛 난다
오늘과 내일이 다르고
지평선 수평선이
늘 푸른 것 그 덕이다"
맨머리 동자승 H의 소리

*

"인仁이 인人을 세운다
천둥 번개 벼락 관계없이
해 달 별과 함께
두 기둥 맞대어
인仁이 인人을 세운다
천체망원경과 전자현미경이
유전과 진화進化의 맥을
짚으며 짚으며"

맨머리 동자승 I의 소리

*

"초봄과 늦가을
초여름과 늦겨울
새싹과 낙엽

순간과 세월을
공空에 담으면
공空에서 기氣가 솟아요"

맨머리 동자승 J의 소리

*

우리의 원리
'우宇' '리利'의 원리이다

해와 달의 원리이고
밀물 썰물, 정맥 동맥의
원리이고 홀로와
더불어의 원리이다

고추장 된장, 수박 호박
살구 복숭아의 원리이다

맨머리 동자승 K의 소리

*

“아름다운 춤 많다
장고춤 무당춤 보살춤
‘에헤야 노아라’춤—

그러나 가장 아름다운 춤은
우리 아파트 베란다 정원
작은 창틀 사이로
흘러 들어오는 미풍과
춤추는 남천南天의 춤이다”

맨머리 동자승 L의 소리

| 제2부 |

5월의 해남

산본 오뉴월 가로수길

연초록 가로수 길이
진초록 터널로 바뀌었네

터널 속인데 웬 꽃이
이렇게도 많이 피었을까
장미 자목련 아카시아
모란 작약 조팝 이팝
층층나무꽃, 오동나무꽃

터널 속인데 웬 새들이
이리도 많을까
까치 비둘기 참새 콩새
쑥새 숲새 오목눈이 방울새

색조色調

연초록과 진초록의 연음延音
진초록과 연갈색의 화음和音
연갈색과 진갈색의 이음
진갈색과 낙낙장송의 포옹
낙낙장송과 봄꽃의 백합百合 아—

오월의 해남

5월의 해남
감청색 파도와
연초록 파도 사이
만곡彎曲의 해안선을
휘파람 불며 가노라면
미풍에 조응照應하는
바다의 찰랑임
육지의 찰랑임

두 찰랑임의
영상 화음들이
이제까지 들어보지 못한
소리를 내게 전해 온다

"이런 풍경
다른 별엔 없어요"

푸른 푸로펠러

"푸른 프로펠러
끝이 보이지 않네요"
창공蒼空을 향해
떨리는 음성으로 외치는
초보 조종사의
높은 저음을 나는 믿는다

"구름 위에서 보는 구름과
구름 밑에서 보는 구름은
달라요"
하늘을 딛고 구름을
노래하는 초보 조종사의
오체투시五體透視를 나는 믿는다

총각의 프로펠러
총천연색이라는 것
나는 믿는다

교미交尾

점점 가까워지다가
점점 더 가까워지다가 마침내
양 끝이 하나 되는 교미交尾

지심地心을 이글이글 태우는
용광로 같은 황홀이지만
빛 한 점 밖으로
새어나가지 않는다

무지개—빛 신음呻吟이
뼈 속의 전류를 타고
흐르다가 흐르다가
우주를 잉태하는
대만大慢의 진동으로 끝난다
지평선 수평선이 하나 되는
대 평화를 이루며

발정기의 여인

콘크리트 문명에 묻혀
유연한 아름다움 다 사라지고
여덟 토막의 등신, 팔등신八等身이
미쓰-코리아 미쓰-유니버스로
행세하고 있지만

여인의 가장 아름다운 몸매는
여전히 무등無等의 몸매
발정기의 몸매
팔팔 뛰는 생선의 몸매이다

풍만 유연한 궁둥이 엉덩이들이
강바닥을 낮게낮게 헤엄쳐가다가
돌연 물결 한가운데서
음양陰陽의 번개를 일으키면 꼬리엔
공작孔雀의 날개가 솟는다

색시도 잘 먹겠다

'장인 되실 분
처음 뵈었을 때
밥 잘 먹는 사윗감이
마음에 드셨던지
색시도 잘 먹겠다며
딸과의 결합을
흔쾌히 허락했다'는
K형의 이야기가

때때로 나타나
내 귀바퀴를 간지르며
그간 쌓인 귓밥을 파준다

봄 강의 강아지들

물가의 봄바람이
귀뿌리를 간질이지만
바람이 보이지 않는다
"봄바람은 어디 있는고?"
묻자 버들강아지가
살랑살랑 머리를 흔들며
지가 봄바람이라 한다
실개울이 갈갈갈 웃는다

봄바람 계속 불어온다
그러나 여전히 바람은
보이지 않는다
"봄바람은 어디 있는고?"
또 묻자 이번엔
산책 나온 강아지가
살래살래 꼬리를 흔들며
자기가 봄바람이라 한다
여울물이 갈갈갈 웃는다

가장 큰 죄

계절 바뀔 때마다
내 속 깊은 곳에서
들려오는
한 소리가 있다

“어김없이
또 보내주시는
새 아름다움!
이것 모르는 죄보다
더 큰 죄가 있을까”

땅속의 결혼식

이른 봄 새파랗게 되살아나는
수리산 작은 수목들이
내 눈을 잡고 놓지 않는다
큰 나무들은 그렇다 하자
땅 위로 솟은 만큼 땅속으로 들어갔으니
아무리 동장군의 기세가 컸다 해도
거기까지 쳐들어가지는 못했을 것이다
그러나 작은 수목들, 십 센티 이십 센티
작은 것들은 어떻게 그 혹한을 이겨냈을까
아랫마을에선 팔구십 센티
깊이 묻은 수도관도 팡팡 터지는 판에

뿌리의 체온이 지극정성 싹을 보호했을까
아니면 땅속엔 우리가 모르는 제삼第三의
온기가 있어 뿌리를 보호했던 것일까

궁금해진 시인詩人, 주례가 되어 둘에게 묻는다
"뿌리에게 묻노니 땅은 그대에게 무엇인고?"

"땅에게 묻노니 뿌리는 그대에게 무엇인고?"

둘은 대답이 없고 봄바람이 대신 답을
해온다. '뿌리는 신랑이고 땅은 신부지요'

지근거리 사랑

'지근至近 거리에서
밉지 않게 지근대는
아이가 있었단다
—콧대 높은
그 노처녀 결국
그 아이에게 시집갔단다'

치매 아니신데도
치매 할머니처럼
이 이야기 하고 하고
또 하시는 우리 할머니

당신 이야기 같다

생물들의 명命포장

생물들의 생명포장 참 정교하다
옥수수 : 몇 겹의 옷으로 싸여있는지 모른다
그러고도 가장 안의 옷은 보드라운 수염-옷이
옥수수 알알을 바싹 붙어서 보호하고 있다
밤송이 : 무서운 가시가 짐승들의 접근을 막는다
그 안의 두터운 가죽옷이 벌레들의 침투를 막는다
그러고도 더욱 단단한 내의內衣, 보드랍게 젖은
속껍질이 온몸에 착- 달라붙어 알몸을 감싼다
그러나 가장 정교한 포장은 처녀의 포장일 것 같다
눈에 보이지가 않아 벗길 방법이 없지만
지극한 사랑이 고운 숨결로 그 포장을 벗긴다

오른손

90고개를 코앞에 둔 노인이
경혈經穴의 기를 돋군다며 뜸을 한다

그러나 뜸 봉에
불붙이는 일이 쉽지 않다
왼손으로는 힘이 부쳐 할 수 없고
오른손 첫째 둘째손가락에 힘을 주어
뜸쑥용 라이터에 불을 켜서
무연–미니–뜸에 불을 붙인다

이러기를 며칠, 오른손 마디에
인대가 늘어난 모양이다
움직일 수가 없다
수저도 들 수 없고
펜도 잡을 수 없다
왼손으로 더듬더듬 국에 밥을 말아
후룩 마시며 식사 끝낸다
글쓰기는 당분간 쉬기로 한다

〉

새삼 바른손이 고맙고 미안타
힘든 일, 궂은일 다 맡겨
평생 부려먹고 고맙다는 말은
한마디도 않고—

속으로만 중얼댔을 뿐인데
아내가 어떻게 알아듣고 일갈한다
"내가 바로 당신의 그 오른손이에요"

내자內子 외자外子

"나무들, 고목古木 되면
고집 세어지듯
팔십 고개에 든 내자內子
많이 고집스러워졌다
저 고집을 어떻게
누그려뜨려야 하나
요즘 외자外子, 고심이 크다"

이런 내 속 소리를
아내는 어떻게 알았을까
"누가 할 소리인데요
요즘 이 내자內子의
고심이 더 커요"
아내가 쏘는 소리!

'호— 부부夫婦를
외내外內라 하지 않고

내외內外라 하는 이유를
이제 좀 알 것 같소'
외자外子, 혼잣말로 응수한다

날된장과 풋고추

매운 풋고추
날된장에 찍어
찬밥 찬물에 말아
맛있게 드시던 일제 말기
어머니의 여름 입맛이
내 입으로만
전수된 줄 알았더니
6.25 피난길에서 보니
배달겨레 모두에게
배달되어 있었다

| 제3부 |

모국어母國語, 모유母乳

버섯

송이버섯
표고버섯
느타리버섯
노루—궁뎅이버섯—

버섯 먹을 때마다
부활의 신화를 읽는다

'죽은 몸에서
어떻게 이렇게
쫀득쫀득한
생살이 돋아날까'

피 주머니들

동물, 피 주머니들이다
주머니에 구멍이 나거나
찢어져서 피가
많이 새어 나갈 경우 끝이다

구멍이 안 나고
찢어지지 않을 경우에도
늙어 주머니의 견고함이
떨어지면 주머니 속 피의 량이
줄어들어 결국 사死에 이른다

그러나 물주物主
그렇게 야박하시지만 않다

"여름엔 시원한 물
많이 드시고 겨울엔
따뜻한 물 많이 드세요

물이 피가 될 수도 있어요"
이처럼 너그럽기도 하시다

사바나의 양식창고

사바나의 양식창고 크다
큰 짐승들이 배설한 똥이
큰 양식창고가 되고 있다

태산만 한 똥 덩어리를
쇠똥구리 딱정벌레
바퀴벌레들이
자전공전自轉公轉 굴려굴려
낮엔 해를 만들고
밤엔 달을 만들며 천혜의
밥통 잘 지켜가고 있다

숲의 소리

"추위 더위 얼씬 못하게 하는
슈퍼 에어콘이 21세기의
신전神殿이라고 하지만 아니다
우리를 온전하게 키우는 것은
여전히 전천후 악천후이다
나무들을 보라. 추위 더위
폭풍이 그들을 건강하게
아름답게 키우고 있지 않느냐"

비바람 눈 이슬 안개 아지랑이
물 흙 새싹 낙엽 흰구름 먹구름
꽃 파란 하늘 길짐승 날짐승
익충 해충 곤충— 이들의 소리를
다 품고 있는 숲의 소리가 우리의
눈 귀 가슴을 고이 키우고 있다

높이뛰기 선수

매일 조금씩 크는 나무를
따라잡겠다고 나선
높이뛰기 어린 선수
봄부터 하루도 빼놓지 않고
나무의 성장 따라잡더니
사월 어느 날 하룻밤 사이에
놓치고 말았다

낙담하는 이 아이를
달래줄 수 있는 것은 무엇일까

"나무와 숲의 합창을
듣게 하라" 태산의 소리

"숲과 산의 합창을
따라 부르게 하라"
태산을 뚫는 물의 소리!

산들바람

"무더운 이 여름
산들바람이
내 등의 땀을
말끔히 닦아주는구나"
툇마루의 할아버지 말씀

"삼복三伏의 제 머리-숲을
산들바람이
시원하게 감겨주어요"
대청루의 큰 언니 소리

"하느님의 입김을
산들바람이 제 볼에
살살 풀어주셔요"
마당가 막내의
동시童詩 한 구절

세 발로 다니시지만

늙어 세 발로 다니시지만
양 어깨에 옷-날개를 달고
멋지게 다니시는 L 노인

"귀부인들의 겨울옷
남극 펭귄의 털이다
북극고래 낚는 어부들의 옷
백설白雪이불 덮고 자는
백곰들의 털가죽이다
열대 처녀들의 연초록 옷
적도의 시원한 바람을 잡는
격자무늬 옥색 섬유들이다"

노인의 이 멋진 의상철학에
제비갈매기들이 화답을 해온다
"여름에는 시원한 옷이 아름답고
겨울에는 따뜻한 옷이 아름다워요"

'어둠' 이불

밝은 방에 있다가
어두운 방에 들어가면
처음엔 아무것도 안 보인다

얼마쯤 있으면 조금 보이다가
오래 있으면 그제서야
어렴풋하나마 전체가 보인다

이때의 어둠, 이불 같다
은은한 어두운 빛이 나를
포근히 감싸 안는 것 같다

깊은 잠에 드는 이들
다 이 이불 덮고 잘 것 같다

긴 잠에 드는 이들도
다 이 이불 덮고 잘 것 같다

주희엄마 고맙소

주희엄마[*] 고맙소
빙판길에 넘어져
골판 깨지면서도

“안 돼, 나 이대로 가면
안 돼. 주희 아빠,
나 없으면 안 돼”

울면서 이렇게
외쳤다는 소리 전해 듣고
내 뼈 속의 피가
찡– 하고 울었소

* 아내, 2010년 빙판에 넘어져 뇌출혈로 대수술을 받았다.

모국어母國語, 모유母乳

"남의 창자로 애간장
녹을 수 있는지요
고래심줄로 모천母川
찾아갈 수 있는지요
뜨겁게 시원한
돈암동 한증막 물을
중동산 오일로
데울 수 있는지요"

모국어의 소리!
엄마 배속에서도 나,
모유母乳 같은 모국어母國語
들으며 자랐다
그 소리, 살 속
뼈 속 깊이 배여
자궁 밖에 나와서는
시詩가 되고 있는 것 같다

반려견 전성시대

반려견들이
특대 받고 있는 장면이
지구촌 곳곳에서 방영되고 있다
한 네티즌의 글, "반려견들이 먹는
고가식품, 공개돼서는 안 돼요"

반려견 전성시대
어떤 도시에선 비싼 보험에
가입되어있는 견공의 수가
사람 수보다 많다 한다

그러나 또 다른 처지의 반려견들.
신도시 개발지역엔 많은 유기견들이
그들을 버리고 간 주인을
기다리다 기다리다 굶어 죽어
쥐새끼들의 밥이 되고 있다 한다

"위선의 도시여, 개똥의 낭만이여"

분노의 소리, 자조의 소리가
뒤엉겨 허공을 뒤돌다 사라진다

우리 어머니

그날도 우리 어머니
새벽잠이 오지 않아
아침 일찍 일어나셔서
어둠침침한 속에서도
마당 청소 다 하시고
쓰레기 다 치우시고
뒤돌아 집안으로 드는데
핑– 어지럼증이 와
쓰러지셨다

첫서리 나린 아침

해가 뜨고
가족들이 눈을 떴을 땐
이미 저세상에 가 계셨다
1984년, 향년 89세

과일들의 눈

과일들의 눈
참 영특하다
눈을 하늘을 향해
있게 하면 오래 살지만
땅을 향해 있게 하면
이내 썩어 문드러진다
사과 배 복숭아 살구
이런 시중의 과일들은
말할 것도 없고
심산深山의 머루 다래도
눈을 밑으로 하고
식탁이나 쟁반 위에
놓아두면 이내 시들시들
종말을 고하려 한다

개밥의 도토리

'개처럼 영리한
동물이 왜 그 좋은
건강식품 도토리를
먹지 않는 것일까'

반려견 전성시대
이런 질문 하나 나올
법도 한데 안 나온다

혹시 반려견 사랑이
지나쳐서 개밥의 도토리를
만들고 있는 것은 아닐까
궁금할 때가 있다

향그러운 마약들

쓰레기통에 몰려드는
벌레들을 향그러운
살충제로 싹– 죽이며
방향芳香성 살생제를 생각한다
요즘 젊은이들이 많이 찾는
마약들, 향그럽기 그지 없다
바퀴벌레를 집단적으로 죽이는
컴배트 max가 그지없이
그들에겐 감미로운 것처럼

감미로운 아편으로 17세기
18세기 중국인들 많이 죽었다

백인들이 베푸는 은혜의 술
섹스, 향그러운 향락에
아메리카 인디언들의 혼 많이
죽었던 것처럼

| 제4부 |

중력重力과 동력動力

납골당 항아리

꽃 항아리
꽃이 있어 아름답다
술 항아리
술이 있어 아름답다

납골당 항아리
꽃이 없어 아름답다
술이 없어 아름답다

망부亡夫의 답신

"그이의 잔소리
이제 보니 잔소리가 아니었네
굵은 굵은 소리였네
어떻게 다 살까
잔소리도 없는 이 세상"

가신님 생각 갈수록 새로워
새록새록 울고 있는
미망인未亡人의 소리가
피안彼岸까지 들려와 망부亡夫
차안此岸으로 답신 한 줄 보낸다

"여보 울지 말아요
우리의 눈물
이제 소금이 돼야 하오
촛불을 당겨요
어디선가 산소바람도
불어오고 있지 않아요"

부사副詞의 역동力動

"식사 뒤엔 바로
눕지 마시고
2, 3분 걸으셔야 해요"

의사의 이 말 옳다
그러나 보태야 할 말이 있다
부사 하나쯤 있어야 한다

가령, "식사 뒤엔 2, 3분
즐겁게 걸으셔야 해요"

'즐겁게'란 부사 한마디가
뒤따르는 동사의 진동眞動을
얼마나 크게 하는지 모른다

등이 닮았다

구름과 산맥과
바다는 형제들이다
누가 형이고 누가
아우인지는 모르지만
둥근 등이 닮았다

산맥의 등에서
바다의 등을 본다
바다의 등에서
구름의 등을 본다

구름과 산맥과
바다의 등에서
역사의 등을 본다

임인년壬寅年 새아침

베란다 쓰레기통에
쓰레기 버리고 돌아서는데
창밖 소나무가지에서
까치 한 마리가 까– 하고
소리를 지른다
뒤이어 들리는 한 소리

"우리 생명, 삼박자三拍子"

임인년壬寅年 새아침
달력 속 호랑이가
소나무와 함께
까치에게 화답하는 소리

선녀들의 상머슴 사랑

선녀들의 상머슴 사랑
일반 사람들은 잘 모른다
그러나 금강산 상팔담
담수에서 목욕하는
큰—아기들은 잘 알 것 같다

그들의 가슴 속 담시譚詩
하나를 추적해 본다

"상머슴이 찾는 단맛
혀끝에 있지 않아요
쓴맛, 간 쓸개에서
나오지 않아요
귀가 눈이고 눈이 귀에요
코가 입이고 입이 코에요
상머슴들의 허파 심장엔
허세 위세— 그런 것 없어요"

멋쟁이 동물들

석양을 향해 입이
찢어지라 웃는 원숭이들

사람들에게 끌려가
호강 많이 하지만
자기를 잃어 가는
반려견들과는 달리
온갖 시련에도 불구하고
본래의 자기를 지켜가는
북극의 늑대들

친구 이웃 다 잃어
혼자 남았어도
천지와 벗하며 의연히
살아가는 원포의 백학白鶴들

21세기 인물人物들
동물動物들에게 배울 것 많다

옹翁과 염소

"이 사람 저 사람
그 사람 다 같다. 인人이다
나, 이 사람 저 사람
그 사람 되면 인人 된다"

염소수염을 한
옹翁이 이렇게 말하자
옆에 있던 염소가
맹— 하고 운다

맞장구치는 소리!

노고老姑와 노새

"70 80 90계단 오르실 땐
웃으며 오르셔야 해요
웃으며 오르시면
배꼽 밑에 새 기氣가 생겨
노인의 몸에도
새 심줄이 돋는다고 해요"

한겨울에도 머릿속이 봄날인
나귀의 아들 노새가
노고단 오르는 노고老姑들께
단심丹心으로 전하는 소리

노송老松과 미루나무

늙은 느티나무 은행나무 참나무가
구십 고개 오르는 이 늙은이를 보고
꼬부랑허리가 밉지 않다 한다

그러고 보니 그들의
꼬부랑허리도 밉지 않다

그러나 여전히 빳빳한 허리만
아름답고 우기는 키다리 미루나무

보다 못해 추풍秋風이 지나가며
한마디 한다. "노송老松의
꼬부랑허리 아름답지 않아요?"

미루나무의 응답, "노송老松의
꼬부랑 허리는 그런대로 괜찮은데
노인老人들의 꼬부랑허리는 꼴불견이에요"
〉

듣기 참으로 민망한 듯
노송老松이 일갈한다
"노송老松과 노인老人은 태생이 같소"

눈물과 방귀

눈물과 방귀, 전혀
관계가 없는 것 같지만
아니다. 관계가 깊다

"눈물 있으면
심장心臟에 이상이 없다
방귀가 귀와 코를
잘 관통하면
대뇌에 이상이 없다"

심장과 대뇌가
합창하는 소리
눈물과 방귀가
합장하는 소리!

우주의 액체와 기체가
합방하는 소리라고
하면 과장일까

무화과無花果와 무과화無果花

"무화과無花果는 못 될망정
실속 없이 꽃만 피우다 가는
무과화無果花들, 진달래 개나리
맨드라미 봉선화—
무용지물無用之物이다"

과일 풍년인데도
이런 소리 하는 이들 있다

"무화과無花果와 무과화無果花는 같아요
입으로 먹는 열매와
눈으로 먹는 열매
어느 쪽이 더 단지는
구별이 어려워요"
이런 소리, 유실수有實樹 무실수無實樹에서
공히 들려오건만

할머니와 꼬마둥이들

할머니와 꼬마둥이들
닮은 데가 많다
잘 울고 잘 웃고
잘 삐지고
사탕을 좋아하고—

그래서일까?
둘, 참 친하다

4월의 햇살이
따사로운 우물가
할머니와 꼬마둥이들

갑자기 할머니의
웃음소리가 크게 들린다
꼬마둥이들이
무슨 소리를 했기에
할머니가 저렇게

허리를 꼬며 웃으실까

콘크리트 길
틈새 비집고 나온
들꽃 하나가 귀를 세우고
이 광경을 오래 지켜본다

중력重力과 동력動力

수증기가 중력重力에
붙들려 더 이상
오르지 못하고
먹구름 뭉게구름
백운白雲이 되어
지심地心의 소리에
귀 기울이고 있다

"운雲들아, 하늘 오름
이제 그만하라
지구가 천국이니라"

이 소리에
동참하는 소리가
사방에서 들려 온다
나무 풀 짐승 새
시서화詩書畫 동력動力들—
〉

바람도 안개 이슬
아지랑이와 함께
이들 동력動力의 합창에
합세하고 있다

| 제5부 |

구부능선에서

대자연의 청소

"흑사병 천연두
장티푸스
코레라 코로나19-
이 전염병들
대자연의 청소부였다

이들의 청소를 통해
지구촌의 명命들
잘 생명生命해 왔다"

1922년
가을바람이 솔솔솔
내 귓속으로
전해주는 소리

With Corona

"뭉치면 살고
헤어지면 죽는다"
한동안 두발짐승들이
도시로 도시로 몰려들며
이렇게 외치더니
언제부턴가 눈에도
보이지 않는 코로나19
바이러스가 나타나
"헤어지면 살고 뭉치면
죽는다"며 만물의 영장을
조롱하고 있다

기후이변으로 많은
생명들이 떼죽음을
당하고 있는 21세기
'입 코 다 닫고
눈만 열고 살라'는 세력과

적敵과의 동침을 강요하는
세력이 맞붙고 있다

표 구걸

거지 중의 상거지는
표 구걸하는 거지 같다

사기꾼도 한 표
미친놈도 한 표
원숭이 주둥이도 한 표—

한 표 구걸하느라
밤을 새운 후보

이튿날 보면
휑— 뚫린 안공眼孔이
가느댕댕한 목대 위에
위태롭게 걸려있다

'상스러운 말일수록
대중의 인기가 높다'며

쌍말 경쟁에

나서고 있는 선량選良들

소만小滿의 내 귀

제비와 제비꽃이
소만小滿을 맞아
뭐라고 말을 걸어오는데
알아들을 수가 없다
봄의 대곡大曲일 텐데
귀바퀴만 맴돌 뿐 귀
안으로 들어오지 않는다

내 귀, 헛 뚫린 것 같다
제대로 뚫렸다면
900살의 저 느티나무가
전하는 병자호란 이야기
600살의 저 은행나무가
전하는 임진왜란 이야기
다 들을 수 있을 텐데

두 태풍 앞에서

2022년 9월 5일
사상 최대태풍 힌남노 앞에 앉아
서창을 보고 있노라면 하늘이
캄캄해졌다가 밝아졌다가 한다
얼마큼 이렇게 앉아 있다가
뒤늦게 서야 캄캄함은 눈을 감았을
때이고 밝음은 눈을 떴을 때인 것을
알고 하하하 백치白癡의 웃음이 터진다
2023년 8월 9일
아기 걸음으로 움직이면서도
전 국토를 짓밟고 있는
태풍 '카눈'을 보면서 이번엔
기가 질려 하얗게 떨고 있다

슬기봉에 올라

인터넷, 천체망원경에서 본
1만 광년 거리의 지구
모래 한 알만 했다

그 눈으로 수리산
슬기봉에 올라 내려다보는
군포 안양의 고층아파트들
성냥갑 쌓아놓은 것 같다
지금 저 속에서 일어나고 있을
장면들을 상상해 본다
핏대 올리는 개미들, 고래고래
소리를 지르는 골방의 고래들
중무장한 딱정벌레들—

내 속의 걸리버가
벌떡 일어난다. 그리고 구둣발로
성냥갑들을 힘껏 걷어찬다
그러나 걷어찬 것은 성냥갑들이

아니라 코앞의 큰 돌
구두 속에서 비명소리가 난다

갑술甲戌생 개띠 인생

갑술甲戌생 개띠 내 인생
나이 들면서 개를
많이 닮아가는 것 같다

열린 공간보다 닫힌
공간에 더 관심이 간다

안전한 곳보다
위험한 곳, 후미진 곳에
더 호기가 발동한다

시도 때도 없이 나오는 용변
아무 데서나 해소하지만
산야山野가 한 번도 나를
푸대접한 적이 없다

황진이의 '벽계수碧溪水'

인생 벽계수碧溪水이다
푸른 물결, 내일
어디에 있을지 모른다
저 푸른 물결, 모래
어디에 있을지 모른다

50년 후 100년 후
천년 후 그 인연들
어디에 있을지 모른다

그 물결 어디에 있던
황진이의
'벽계수' 위에 있다

형, 과過는 안 돼

형, 과過는 안 돼
꽃 사랑도 과過하면
꽃이 인人을
노예로 삼으려 해
누님, 청소도
과過는 안 돼요
밤낮없이 쓸고 닦고
과過청결에 빠지면
손목 발목 팔 다리
어깨 무릎이
자해自害를 시도해요
과보果報의 소리!
"구더기 무서워 장
못 담그냐"

소주燒酒로 소독한다

낮 동안 나도 모르게
내 살 속 깊이 파고 들어와
몸 구석구석에 잠복하고 있는
심신心身의 미세 먼지를
소주로 소독하며 밤을 맞는다
무중력의 개꿈으로
꿀잠을 청하며

이런 나에게 주신酒神이
충고와 응원을 보내 온다

"심신心身의 미세먼지가 아니야
심신心神의 미세먼지야
그런 악성미세먼지는
소독제消毒劑로는 안 돼. 소주燒酒로
확- 태워 없애버려야 해"

동동주

동동주 함께 들며
소한대한小寒大寒을 넘는 우리

만날수록 속이
따뜻해져 동동주冬冬酒가
동동주가 된다

동동주를 더욱
동동 뜨게 하는 것은
친구의 우정 어린 염려
"형, 과음은 안 돼"

2021년 크리스마스

2021년 크리마스
흥겨운 명절이 아니었다

과음과식 하는
종래의 떠들썩한
X-mas와는 사뭇 달랐다

조용한 성탄절이었다

냉冷- 케익의 속맛 같은
희귀하게 단 고요를
맛보는 절節, 명절名節이었다

코로나19 덕이었다

70%가 물

'인체 70%가 물이다
지구 70%가 물이다'

땅 위로 높이 솟아
하늘을 크게 돌아
다시 내려온 물이
땅속으로 스며들며
전하는 소리

그 소리에 귀를 가장
많이 기울이는 것은
사막의 모래알들이다

내륙 비옥한 땅엔
그 소리를
전혀 듣지 못하는
귀먹어리– 땅들도 있다

내 새끼와 내 시

내 새끼와 내 시
다 내 자식들이다. 지극한
사랑이 낳은 것들이다
그러나 나이가 들수록
시가 더 큰 것 같다
피와 살로 빚은 것들은
열 달 뜸 들여 만들어졌지만
심혈로 빚은 시편들은 평생을
뜸 들여 만들어진 것 같다

9부 능선에서

어떻게 올라가야 하느냐보다
어떻게 내려가야 하느냐가
더 절실해지는 9부 능선

*

늙어가면서 신체 각 부위에
일어나는 아픔들 점점 커지다가
어떻게 손 쓸 수 없을 지경에
이르면 그 아픔 싹— 사라진다
하늘의 진통대사陣痛大使, 사死가 다녀가시는 것

*

소크라테스 아리스토텔레스
플라톤— 마지막 길 잘 간 것
사실은 석양夕陽의 비수匕首 덕이다
〉

*

노인들, '이제 그만 가고 싶다'고들
말하지만 아니다. 다음 차례, 자기
아니기를 모두 바란다. 그러나
한 노인은 달랐다. 그분이 오늘
가셨다. 호상好喪, 호사好事

*

"흙에서 나온 우리
온갖 아름다움을 키우는
흙으로 다시 돌아가는 것
경사 아니냐. 경사 중에도
대大 대경大慶 아니냐" 이런 말씀
하시며 가셨을 것 같다